Mon ami le Soleil

Texte de
Etta Kaner

Illustrations de
Marie Lafrance

Texte français d'Ann Lamontagne

Éditions
■SCHOLASTIC

Qui aime le soleil?

Moi!

J'aime le soleil parce
qu'il me réchauffe.

Je me demande où va le soleil quand vient la nuit.

Quand le soleil éclaire la Terre du
côté où tu te trouves, c'est le jour.

Quand le côté de la Terre où tu te
trouves se détourne du soleil, c'est
la nuit. Bonne nuit!

Le soleil ne bouge jamais. Il reste toujours à la même place dans le ciel.

Mais la Terre, avec toi dessus, est toujours en train de tourner. C'est pour cela que le soleil brille sur différentes parties de la Terre à des moments différents.

Et toi, pourquoi aimes-tu le soleil?

Je me demande pourquoi, certains soirs, le ciel devient rouge.

Le bleu présent dans la lumière du soleil se répand partout dans le ciel. C'est pourquoi le ciel semble bleu pendant le jour.

Au coucher du soleil, la lumière bleue se disperse tellement qu'elle finit par disparaître. Il ne te reste alors que la lumière solaire la plus rouge à regarder.

Pour arriver jusqu'à nous, la lumière du soleil doit traverser une couche de poussière, d'air et de nuages. Cette couche s'appelle l'atmosphère.

Pendant que la lumière du soleil voyage, certaines de ses couleurs se réverbèrent dans les particules de poussière et d'air de l'atmosphère. Ces particules dispersent les couleurs.

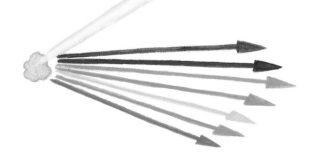

J'aime le soleil parce que je peux jouer dehors pendant le jour.

Je me demande
comment le soleil
fait les arcs-en-ciel.

Quand les rayons du soleil les traversent, la lumière blanche se sépare en différentes couleurs pour faire un arc-en-ciel.

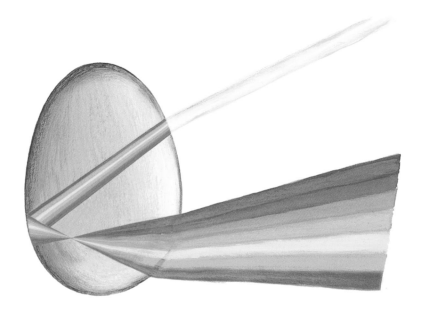

La lumière du soleil comprend toutes les couleurs de l'arc-en-ciel : rouge, orange, jaune, vert, bleu, indigo et violet. Toutes les couleurs réunies donnent la lumière blanche, celle que nous voyons le jour.

Après la pluie, il reste des gouttes d'eau dans l'air.

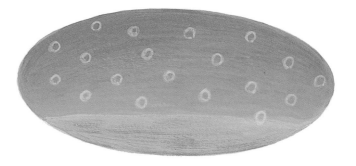

J'aime le soleil parce qu'il rend le
ciel si beau quand le soir tombe!

Je me demande
pourquoi l'eau
brille ainsi.

Lorsqu'il y a beaucoup de vagues
qui réfléchissent la lumière, alors
la surface de l'eau semble étinceler.

L'eau brille quand il y a de petites vagues.

Chaque vague agit comme un miroir. Quand les rayons du soleil frappent une vague, la vague renvoie la lumière.

J'aime le soleil parce qu'il
fait les arcs-en-ciel.

Je me demande
pourquoi certaines
fleurs ont une odeur
et d'autres, pas.

D'autres fleurs attirent les insectes avec leurs couleurs. Elles n'ont pas besoin de parfum.

Certaines fleurs attirent les insectes avec leur odeur; elles ont besoin d'eux pour produire des graines. Une fois semées, ces graines deviendront des fleurs, à leur tour.

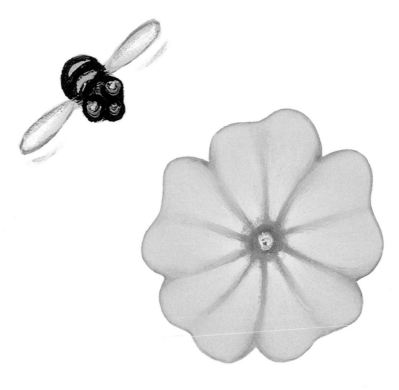

J'aime le soleil parce qu'il fait scintiller l'eau.

Je me demande comment les raisins juteux deviennent des raisins secs.

En perdant leur eau, les raisins rapetissent.

Trois semaines plus tard, ils sont devenus des raisins... secs!

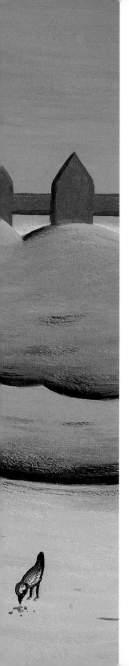

On cueille les raisins quand ils sont juteux et sucrés.

On les place sur un plateau pour qu'ils sèchent au soleil. La chaleur du soleil attire l'eau des raisins dans l'air.

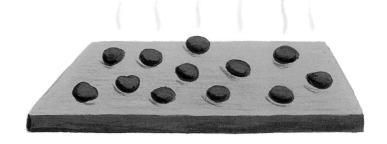

J'aime le soleil parce qu'il fait pousser les fleurs.

Je me demande pourquoi
j'ai une ombre.

Quand le soleil est bas dans le ciel,
ton ombre est longue.

Ton ombre apparaît quand tu empêches
la lumière du soleil d'atteindre le sol
avec ton corps. Cela se produit parce
que la lumière ne peut pas passer
à travers toi.

Quand le soleil est
haut dans le ciel,
ton ombre est courte.

J'aime le soleil parce qu'il change
les raisins juteux en raisins secs.

Je me demande d'où
vient la rosée.

La nuit, l'herbe et les toiles d'araignée sont froides. C'est pour cette raison que tu peux voir de la rosée dessus, le matin venu.

L'air juste au-dessus du sol contient
de la vapeur d'eau.

Cette vapeur se change en gouttes
d'eau aussitôt qu'elle touche quelque
chose de froid. Ce sont ces gouttes
qu'on appelle rosée.

J'aime le soleil parce que je peux jouer à courir après mon ombre.

Je me demande où
va l'eau de pluie.

La vapeur d'eau se mêle ensuite à l'air.

Quand le soleil apparaît, il chauffe l'eau tombée dans l'herbe.

L'eau se change alors en très fines gouttelettes qu'on appelle vapeur.

J'aime le soleil parce qu'il fait
briller les gouttes de rosée.

Je me demande comment mes lunettes de soleil me protègent.

Les lunettes de soleil sont comme des filtres. Leurs verres spéciaux empêchent les rayons du soleil de te brûler les yeux.

Leur couleur foncée protège tes yeux de la lumière et t'évite d'avoir à les plisser.

La lumière du soleil est très puissante. Tout comme ta peau, tes yeux peuvent être brûlés par le soleil.

J'aime le soleil parce qu'il sèche
l'herbe après la pluie.

Lorsque le soleil fait de nouveau fondre la neige, d'autres gouttes d'eau glissent jusqu'à l'extrémité du glaçon.

Dès qu'il recommence à faire froid, ces gouttes gèlent à leur tour, si bien que le glaçon devient de plus en plus gros.

Je me demande
comment naissent
les glaçons.

Un glaçon commence à se former
quand le soleil fait fondre la neige.
Celle-ci tombe alors goutte
à goutte sur
le sol.

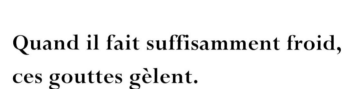

Quand il fait suffisamment froid,
ces gouttes gèlent.

J'aime le soleil parce qu'il me permet de porter mes lunettes de soleil.

J'aime le soleil parce qu'il
fait fondre les glaçons.

Le soleil est une gigantesque boule de feu. Il est *très* chaud. Sa surface est environ 55 fois plus chaude que l'eau bouillante.

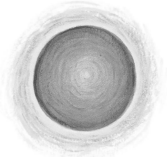

Le soleil envoie de très puissants rayons de chaleur et de lumière.

Ces rayons te réchauffent même après avoir parcouru 150 millions de kilomètres avant d'arriver sur la Terre.

Je me demande comment le soleil qui est si loin de moi peut me réchauffer.